OrdiZen

Lucia Canovi

OrdiZen

*La méthode de rangement
qui permet de savoir exactement
où est quoi dans son ordinateur...
et de le retrouver rapidement !*

« Le sage s'organise, le fou regrette. »

PROVERBE CHINOIS

« La béatitude naît de l'ordre. »

MARY LAMBERT

« Les petits ajustements que vous faites dans votre vie aujourd'hui peuvent donner d'énormes résultats plus tard. »

MARK VICTOR HANSEN
ET ROBERT G. ALLEN

« Organiser son ordinateur, c'est organiser sa tête. »

LUCIA CANOVI

Introduction

Votre ordinateur est une jungle hostile où vous n'êtes jamais sûr de retrouver quoi que ce soit ?

Un labyrinthe poussiéreux où d'inquiétants fouillis sont tapis dans les coins ?

Un chaos, un capharnaüm, une pagaïe ?

Un grand souk – moins l'ambiance chaleureuse et le thé à la menthe ?

Chaque fois que vous cherchez quelque chose dans cet abyme, vous êtes obligé de demander l'aide d'un toutou obligeant (celui de la fonction recherche) ?

À cause de ce désordre monumental dont vous ne connaissez ni les tenants ni les aboutissants, vous vivez dans l'insécurité et la peur ?

Bonne nouvelle : la solution se trouve ici.

Je souffrais comme vous de la confusion régnant dans mon disque dur. Et pourtant, ce n'était pas le chaos total. J'avais de l'organisation. Mais pas la bonne, puisque chaque fois que je cherchais quelque chose, un stress sournois m'envahissait. Je perdais du temps, parfois je ne retrouvais pas ce que je cherchais, et parfois même je renonçais dès le départ, persuadée que mettre la main sur ce que je voulais serait tout simplement trop long, trop compliqué.

Et puis un jour, j'ai vu la lumière au bout du tunnel. Une méthode si simple et lumineuse d'organiser mes fichiers qu'elle a transformé mon ordinateur en jardin à la française : des haies tirées au cordeau, des bosquets tirés à quatre épingles, des allées symétriques, tout un monde d'ordre et d'harmonie, le triomphe de l'esprit lucide sur la nature digitale et échevelée.

Vous aussi, vous voulez y voir clair ?

Retrouvez facilement et rapidement tout ce qui se trouve dans votre ordinateur ?

Appliquez la méthode d'organisation OrdiZen™, et non seulement votre ordinateur sera aussi bien agencé que les jardins de Versailles, mais il sera aussi parfaitement zen qu'un monastère tibétain saupoudré de moines méditant et lévitant ! Et par conséquent, vous vivrez dans la paix...

J'exagère ? Pas tant que ça.

Motivé ?

Très bien ! Entrons tout de suite dans le vif du sujet.

Les dossiers de niveau un

Vous voilà dans votre disque D, autrement dit dans votre disque dur.

Que voyez-vous ?

Des fichiers en vrac, des dossiers ?

Première étape : mettez tous les fichiers dans les dossiers.

Deuxième étape : donnez un titre clair et court à tous vos dossiers. Ne mettez pas d'article. C'est "Musique" et pas "La musique", "Films" et pas "mes films" (sauf si vous avez deux dossiers, l'un consacré à vos films et l'autre aux films des autres, dans ce cas vous pouvez mettre "mes films" et "autres films").

Troisième étape : mettez les titres de vos dossiers de niveau un (ceux que vous avez sous les yeux) en majuscule. Ce qui vous donne :

FILMS
EBOOKS
FINANCES
etc.

Vous en êtes là ? Très bien. Alors avant de passer à l'étape suivante, celle où vous allez organiser vos dossiers de niveau deux, je vous demande de bien vérifier que vous n'avez PAS deux dossiers de niveau un commençant par le même mot.

Supposons par exemple que vous ayez :

MUSIQUE AFRICAINE

et juste à côté :

MUSIQUE CLASSIQUE

C'est un problème.

Si, si, je vous assure, c'est un problème.

De toute évidence, ces deux dossiers devraient être réunis. Donc créez un dossier **MUSIQUE** et mettez vos deux dossiers dedans. Ils ne perdent rien pour attendre : on va s'occuper d'eux dans cinq minutes.

Pareil si vous avez :

MUSIQUE AFRICAINE

et :

FLAMENCO

Mettez les deux dossiers dans votre dossier **MUSIQUE** et (pour l'instant), basta.

Vous voilà donc avec plusieurs dossiers ayant des noms différents, courts, et en majuscule. Si vous pouvez abréger certains noms, faites-le. Par exemple, raccourcissez **PROGRAMMATION MENTALE** en **PROG MENTALE**. Le fait d'adopter des titres courts pour vos dossiers est important pour la suite.

Si vous vous servez beaucoup plus de certains dossiers que d'autres, mettez-leur un numéro pour qu'ils apparaissent en tête des autres. Par exemple :

001 – EBOOKS
002 – MUSIQUE
003 – FILMS

Vous pouvez laisser sans numéro les dossiers dont vous vous servez moins souvent :

001 – EBOOKS
002 – MUSIQUE
003 – FILMS
PROG. MENTALE
FINANCES

Si certains fichiers vous restent sur les bras, créez un dossier DIVERS et mettez-y tout ce que vous ne pouvez pas mettre ailleurs :

001 – EBOOKS
002 – MUSIQUE
003 – FILMS
PROG. MENTALE
FINANCES
DIVERS

C'est fait ?

Bien.

Vous pouvez passer à l'étape suivante... Non, attendez. Combien avez-vous de dossiers ? Si vous avez en plus de six, vous en avez trop. Pour que vous ayez l'agréable sensation d'avoir un ordinateur bien rangé, il est nécessaire que **vous ayez PEU de dossiers de niveau un**. En fait, l'idéal c'est que les premiers niveaux (1, 2, 3) soient les moins chargés. Donc, regroupez.

Voici les dossiers que je trouve quand j'ouvre mon disque D :

01 – LIVRES LUCIA-CANOVI.COM

02 – PROG AUDIOS LUCIA-CANOVI.COM

03 – OBJETS LUCIA-CANOVI.COM

AUTRE

Oui, vous avez bien vu, il n'y en a que quatre.

Vous noterez que même si mes dossiers 01, 02 et 03 comportent tous "LUCIA-CANOVI.COM", ils commencent tous par des mots différents... C'est un principe très important à respecter pour avoir une rafraîchissante sensation d'ordre et pour éviter de perdre du temps à lire le titre du dossier complet : toujours commencer ses dossiers de même niveau par des mots différents.

Voici donc les 3 règles à appliquer pour les dossiers de niveau 1 :

1/ Pas plus de six dossiers

2/ Des titres en majuscules

3/ Jamais deux dossiers commençant par le même mot

Si vous voulez aussi mettre un document "en vrac" à côté de ces dossiers, libre à vous. Mais pas plus d'un, sinon vous allez commencer à avoir une sensation de désordre.

Les dossiers de niveau deux

Nous allons maintenant entrer dans votre premier dossier et y mettre de l'ordre. Non, ne fuyez pas ! Le dragon terrifiant qui est assis sur le trésor est beaucoup moins dangereux qu'il n'en a l'air. Vous allez lui régler son compte en deux coups de cuillère en pot, ou du moins en trois coups d'épée bien affûtée. Bon, trêve de métaphores... action !

Vous voilà dans le dossier **001 – EBOOKS.**

Que voyez-vous ?

Ceci (ou quelque chose qui s'en rapproche) :

Amour et mensonges sous le soleil d'Italie de Jean Webster
Jean Webster, Patty au collège
Heureux comme un poisson dans le court-bouillon, volume
1

Heureux comme un poisson dans le court-bouillon, volume
2

Heureux comme un poisson dans le court-bouillon, volume
3

WXYZIIEE
Napoleon Hill, Réfléchissez et devenez riche
Success principles, J. Canfield
Hum.

Autant regarder les choses en face : c'est la pagaïe.

Je vous propose de créer pour commencer un dossier "développement personnel". Mais comme "développement personnel", c'est long, on va raccourcir par "dév. pers."

Et c'est là (soyez bien attentif je vous prie) c'est là que la simplicité et le génie de la méthode OrdiZen™ va vous sauter aux yeux...

Comment allons-nous intituler ce dossier, exactement ?

EBOOKS DEV. PERS. ?

Surtout pas, malheureux !

Ce serait l'erreur tragique et suicidaire – celle que j'ai faite pendant des années, celle que tout le monde fait...

Non.

Ce dossier, nous allons l'intituler **DEV. PERS. - ebooks**

Comme vous voyez, ce dossier de niveau deux (contenu dans un dossier de niveau un) a un nom en deux parties, ce qui n'est pas un hasard. La deuxième partie de son nom est donnée par le dossier du niveau supérieur auquel il appartient. À cette différence près que le titre du dossier de niveau un était en majuscule, alors que là il apparaît en minuscules : **ebooks**.

La première partie du nom du dossier est ce qui le distingue de ses congénères.

Puisqu'on a a aussi des romans, on va créer un dossier pour les romans :

ROMANS – ebooks.

Vous voyez la logique ?

Et (comme précédemment) faites très attention à ne PAS donner à deux dossiers de même niveau des noms commençant de la même manière.

Pas de :

ROMANS SENTIMENTAUX – ebooks

à côté de :

ROMANS – ebooks.

Voici donc comment vous organisez votre dossier :

ROMANS – ebooks

DEV. PERS. - ebooks

Et **WXYZIIEE**, me direz-vous ?...

Et bien comme son titre énigmatique ne nous permet pas de savoir de quoi il s'agit, il faut l'ouvrir. Il s'agit d'un roman ? Mettez-le dans **ROMANS – ebooks.** Il s'agit d'un livre de développement personnel ? Mettez-le dans **DEV. PERS. - ebooks.** En fin de compte, non, il s'agit d'un manuel d'imprimante ? Créez un dossier **MANUELS – ebooks.**

Voici donc les dossiers que contient votre dossier **001 –**

EBOOKS :
    ROMANS – ebooks
    DEV. PERS. - ebooks
    MANUELS – ebooks
    Maintenant faites pareil pour votre dossier suivant, votre dossier **002 – MUSIQUE :**
    AFRICAINE – musique
    FLAMENCO – musique
    HIP-HOP – musique
    ÉPIQUE – musique
    TRISTE – musique
    Vous avez compris le principe ? Chaque fois, vous mettez en tête et en majuscule l'élément nouveau, et reprenez l'élément commun (le nom du dossier parent) dans la deuxième partie du nom.

    Quand vous avez fini d'organiser votre niveau deux, vous pouvez passer au niveau trois.

    Vous avez une objection ?

    Je vous écoute.

    Vous dites que vous n'avez pas *besoin* de mettre en deuxième partie "musique" ou "ebooks" ?

    Que c'est parfaitement clair sans ça ?

    Si c'est parfaitement clair, ne mettez que la première partie.

    Voici les principes pour les dossiers de niveau 2 :

    1/ Autant de dossiers que nécessaire, en tirant toutefois vers le minimum

    2/ Jamais deux dossiers commençant par le même mot (cette règle est valable pour tous les niveaux)

    3/ Mettre en deuxième partie et en minuscule le titre du dossier de niveau 1 où se trouvent les dossiers de niveau 2. Si c'est une précision complètement inutile, s'en abstenir.

    Comme pour le niveau 1, si vous voulez aussi mettre un document "en vrac" à côté de ces dossiers, libre à vous... mais pas plus d'un, sinon vous allez commencer à avoir une sensation de désordre. Les documents en vrac doivent toujours être réduits au minimum.

Les dossiers de niveau trois

Nous allons maintenant mettre dans l'ordre dans **ROMANS – ebooks.** Puisqu'il y a plusieurs romans de Jean Webster, faisons un dossier pour elle :

WEBSTER – romans

Et puisque *Heureux comme un poisson dans le court-bouillon* a plusieurs volumes, faisons un dossier pour y rassembler tous les volumes :

HEUREUX POISSON COURT-BOUILLON – romans

Procédez de la même manière pour tous vos dossiers de niveau trois, et passons au niveau quatre.

Le niveau quatre

Là, on ne se retrouve plus face à des dossiers, mais, au moins en ce qui concerne les ebooks, face à de vrais documents. Pour les nommer, on va procéder exactement de la même manière. Entrons dans **WEBSTER – romans** :

PATTY COLLEGE – webster
AMOUR MENSONGES – webster

Comme vous pouvez le constater, on supprime toujours les mots superflus pour ne garder que les "mots-clés". Et comme à chaque fois, le premier élément (celui qui apporte une information nouvelle) est en lettres capitales, tandis que le suivant ou les suivants sont en minuscules.

Mettons maintenant un peu d'ordre dans **HEUREUX POISSON COURT-BOUILLON – romans – ebooks** :

VOL 1 – heureux poisson court-bouillon
VOL 2 – heureux poisson court-bouillon
VOL 3 – heureux poisson court-bouillon

Maintenant, faites la même chose pour vos livres de développement personnel.

"Mais (me direz-vous peut-être) est-ce que je dois mettre le nom de l'auteur avant ou après le titre ? Qu'est-ce qui est le mieux : **SUCCESS PRINCIPLES – canfield – dev. pers. - ebooks,** ou **CANFIELD – success principles – dev. pers. - ebooks** ?"

Bonne question.

Comme on commence toujours par l'information la plus spécifique, la plus discriminante, on commence par le titre du livre. Ainsi, si plus tard vous récupérez d'autres livres de Jack Canfield, vous pourrez faire un dossier CANFIELD. (Vous pouvez même le faire dès maintenant d'ailleurs, même s'il ne contient qu'un élément.) D'une manière générale, je vous conseille de classer par noms de personne chaque fois que vous en avez la possibilité.

Quant à **WXYZIIEE**, son titre manque de clarté... mieux vaut le remplacer par celui-ci :

IMPRIMANTE – manuels

Et voilà !

Surtout, ne mettez en majuscules QUE le premier élément de votre titre. En effet, si vous mettez des majuscules ailleurs, elles vont vous tirer l'oeil, diviser votre attention, et (en fin de compte) vous faire perdre du temps.

Vous connaissez maintenant le secret simplissime de la méthode OrdiZen™.

En résumé :

- Le MINIMUM de dossiers dans les niveaux supérieurs (pour avoir une sensation d'ordre) ;

- Rien (ou un seul document) en vrac à chaque niveau ;

- Des dossiers DIVERS chaque fois que nécessaire ;

- Des titres ne commençant JAMAIS par le même mot (ça égare l'attention) ;

- Des titres en 2 parties : première partie en majuscule, seconde partie en minuscule. Entre les deux, un tiret. La seconde partie est donnée <u>par le titre du dossier contenant les éléments (dossiers ou fichiers) que vous nommez.</u>

Si vous prenez l'habitude de procéder de cette manière, vous retrouverez très facilement n'importe quel fichier dans votre ordinateur. Et je vous conseille chaleureusement de faire la même chose avec vos favoris dans votre moteur de recherche préféré, vous verrez comme on se sent mieux quand on y a de l'ordre.

Un conseil d'amie...

Vous connaissez certainement cette terrible maladie. Cette maladie qui ronge la vie, détruit la confiance en soi, et tue dans l'œuf tant de magnifiques projets. Cette maladie qui nous rend amorphes et futiles. Cette maladie qui nous convainc de jouer aux badauds sur Facebook ou à n'importe que jeu vidéo débile et chronophage. (Pléonasme ?) Cette maladie contre laquelle aucune petite pilule pseudo-magique ne peut rien. À un degré ou à un autre, nous en sommes tous atteints.

Cette maladie, c'est la PROCRASTINATION.

Vous n'arrivez pas à faire ceci ou cela – alors que vous devez le faire, que vous avez choisi de le faire...

Il est fort probable que cette zone de procrastination correspond soit à une zone de fouillis de votre ordinateur, soit à une non-zone. La solution ? Créer un dossier, ou ranger soigneusement celui qui existe. Il se peut aussi que cette zone de procrastination corresponde à des dossiers enfouis trop profondément dans votre ordinateur : faites-les remonter d'un ou deux niveaux, ou mettez un raccourci sur votre bureau. Ces mesures toutes simples vont vous débloquer.

Répondons maintenant à quelques questions...

Foire Aux Questions

C'est vrai que c'est beaucoup plus facile de trouver ce que je cherche, mais je passe beaucoup de temps à cliquer pour ouvrir les dossiers !

C'est parce que vous vous servez beaucoup d'un document qui est dans un dossier, qui est dans un dossier, qui est dans un dossier, etc.

La solution est simple : créez un raccourci de ce document et mettez-le sur votre bureau. Surtout, surtout : ne mettez QUE des raccourcis sur votre bureau.

Autre solution possible : changer le dossier d'emplacement pour le rendre plus accessible. Pour vous donner un exemple, j'avais un dossier "CONTRATS" situé dans un dossier "LIVRES". Or, je me suis aperçue que j'avais très souvent besoin du dossier CONTRATS, et que je perdais du temps à le chercher chaque fois dans le dossier "LIVRES". J'ai donc décidé de lui assigner une autre place. Maintenant, j'ai côte à côte LIVRES et CONTRATS.

J'ai deux dossiers de même niveau dont les titres commencent par le même mot...

Mettez le mot en question à la fin du nom du dossier ou créez un dossier intermédiaire. N'ayez pas peur de mettre des dossiers les uns dans les autres comme on emboîte des poupées russes : c'est cette hiérarchisation qui va vous permettre de retrouver très facilement ce que vous cherchez.

Est-ce vraiment utile, d'avoir un ordinateur organisé à ce point-là ?

Tout dépend de ce que vous voulez faire. Si vous cherchez à gagner de l'argent par Internet, ou d'une manière générale si vous travaillez avec votre ordinateur, vous avez absolument besoin d'avoir de l'ordre. Si vous n'êtes pas très bien organisé, vous allez perdre un temps énorme, et il y a des choses que vous ne ferez tout simplement pas. Le manque d'organisation est comme un plafond de verre qui nous empêche de réaliser votre plein potentiel et de réaliser nos rêves. Rangez votre ordinateur avec la méthode OrdiZen™ et ainsi, brisez le plafond invisible qui vous sépare de tout ce que vous désirez.

Je constate que c'est effectivement beaucoup plus facile de retrouver un fichier avec la méthode OrdiZen, mais je ne comprends pas pourquoi. Pouvez-vous m'expliquer ?

Dans les méthodes habituelles de rangement, votre œil est obligé de voyager jusqu'au bout du nom du document pour découvrir l'information dont il a besoin pour l'identifier correctement, d'où beaucoup de vérifications inutiles. Avec OrdiZen, l'information pertinente, celle dont vous avez besoin pour identifier immédiatement le document, est placée en tête et en majuscule. D'un simple coup d'œil, vous localisez ce que vous cherchez. Une telle rapidité est rendue possible par les dossiers intermédiaires qui permettent à chaque fois de resserrer votre recherche.

Qu'est-ce que ça change, si j'ai beaucoup de dossiers dans le niveau 1 ?

Le fait d'avoir trop de dossiers dans les niveaux supérieurs génère du stress et fait perdre du temps. Il est plus logique et plus simple que vous reléguiez les dossiers les plus nombreux dans les niveaux inférieurs chaque fois que c'est possible.

Avec un petit dessin, ça sera peut-être plus clair :

PAS BIEN.

trop de dossiers de niveau 1 : l'attention se disperse...

BIEN !!!

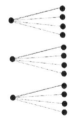

peu de dossiers de niveau 1, et plus de niveaux 2 : l'attention est guidée en douceur vers ce qu'on cherche.

Conclusion

Pour conclure, je vous propose de méditer avec moi sur cette citation du romancier Daniel Pennac : "Une chambre à ranger, c'est une vie à construire."

Comme il a raison...

Et en cet âge digital, il est tout aussi vrai, et peut-être encore plus vrai, qu'une vie à construire, c'est un ordinateur à ranger.

Post-Scriptum

En réalité, la méthode OrdiZen™ n'a strictement rien à voir avec le Zen, "mouvement bouddhiste japonais d'origine chinoise qui accorde une place importante à la méditation et à l'esthétique".

Je ne suis pas bouddhiste, mais musulmane.

Dans l'Islam (et un peu aussi dans le développement personnel) j'ai trouvé les réponses à tous mes problèmes, et la paix intérieure. Mais si j'avais baptisé ma méthode de rangement Ordislam, vous n'auriez rien compris parce que *personne* n'aurait rien compris.

D'où ce nom d'OrdiZen™.

Oh et puis, au fait : la lévitation, ça n'existe pas. Certains moines bouddhistes font croire aux novices qu'ils sont capables de léviter, mais en réalité c'est un simple tour de prestidigitation : le moine se met en équilibre sur la pointe d'un pied, les jambes croisées, dans un coin sombre. Le novice qui passe croit que le moine lévite, parce qu'on lui a bourré la tête avec des histoires de lévitations et parce que la robe du moins cache son pied.

Astucieux, les moines bouddhistes.

Mais que ce post-scriptum ne vous détourne pas de l'essentiel : que la méthode s'appelle OrdiZen™, Ordislam ou AstucePlus ne change rien à l'affaire. L'essentiel, ce n'est pas l'étiquette sur le sac, mais le contenu du sac.

Ou plutôt, l'essentiel c'est que l'étiquette sur le sac vous permette d'identifier correctement et rapidement le contenu du sac…

Assimilez cette méthode et rangez votre ordinateur de manière à tirer de vos talents tout le parti possible, ou davantage. C'est pour cela que j'ai écrit ce petit livre : pour vous aider à entrer en contact avec vos ressources intérieures inconnues, sous-estimées ou sous-exploitées, que celles-ci soient à l'intérieur de votre cerveau ou à l'intérieur de votre disque dur.

Votre avis est important

Merci d'avoir lu ce petit guide. Si vous l'avez aimé, pouvez-vous lui mettre un commentaire sur le site d'amazon où vous l'avez acheté ?

Faites-le maintenant, cela vous prendra cinq minutes, pas davantage, et votre avis aura trois effets bénéfiques :

(1) Il permettra aux lecteurs potentiels qui se demandent si ce livre mérite d'être lu de prendre une décision éclairée ;

(2) Il nous aidera à faire bouillir la marmite, à mettre nos enfants à l'école, etc., car notre maison d'édition nous fait vivre et que les lecteurs achètent en priorité les livres qui ont de bons commentaires ;

(3) Il nous permettra de vous préparer d'autres ouvrages de qualité, et éventuellement d'améliorer celui-ci.

Pour un éditeur comme pour un auteur, les commentaires des lecteurs sont très précieux. Je vous serai donc vraiment reconnaissante de mettre un commentaire à ce bouquin.

Merci encore pour votre confiance, et à bientôt dans un prochain ouvrage.

Catalogue
des éditions lucia-canovi.com
Liberté • Vérité • Clarté

Des mots qui aident, guident, réconfortent, encouragent, éclairent, élèvent ou libèrent

**Nos livres sont disponibles aux formats pdf, .mobi et epub.
et nos programmes audios, au format mp3
Si vous voulez un de nos livres sous forme brochée (en vrai livre papier),
vous pouvez passer commande en nous écrivant à**
contact@lucia-canovi.com

Programmes audios.
http://programmezvotresubconscient.fr/100-confiance-en-soi
Écoutez tous les jours *100 % confiance en soi,* et au bout de 30 jours, vous aurez une inébranlable confiance en vous-même.
http://programmezvotresubconscient.fr/enfin-calme
Écoutez tous les jours *Enfin Calme* pour garder votre calme en toutes circonstances.
http://programmezvotresubconscient.fr/enfin-heureux
Écoutez tous les jours *Enfin Heureux* pour être heureux quoi qu'il arrive.
http://enfin-bilingue.fr/
Écoutez tous les jours *Enfin Bilingue* pour apprendre l'anglais avec rapidité, facilité et plaisir.
http://enfin-bilingue.fr/arabe
Écoutez tous les jours *Enfin Bilingue en arabe* pour apprendre l'arabe avec rapidité, facilité et plaisir.

Parentalité
Parents heureux, enfants joyeux ! Proverbes et citations motivantes pour familles aimantes, de Anna Fonseca

Histoire
La révolution française : une conspiration ?, d'Augustin Barruel

Études/Art d'écrire

7 secrets pour réussir brillamment ses études sans le moindre stress !, de Lucia Canovi.

Écrire une scène d'action en s'inspirant d'un grand romancier, de Lucia Canovi

Psychanalyse

Freud tueur en série : vrais meurtres et théorie erronée, d'Eric Miller

Secrets et dangers de la psychanalyse : Freud n'est pas votre ami, de Lucia Canovi

Science

La terre ne bouge pas, de Gustave Plaisant

La terre est immobile : preuve que la terre ne tourne ni autour de son axe, ni autour du soleil, Carl Schoepffer

Féminisme et sexisme

Sept mensonges du féminisme, de Lucia Canovi

Sept mensonges du sexisme, de Lucia Canovi

Religion/spiritualité

Eckhart Tolle et l'idiocratie : découvrez la doctrine et les effets d'un grand maître spirituel, de Lucia Canovi

L'Islam au-delà des apparences, de Lucia Canovi

Pourquoi j'ai embrassé l'Islam, d'Anselme Turmeda

Essais/Actualité

Réfléchissez ! Racisme, antisémitisme, quenelle et autres sujets sensibles, de Lucia Canovi

Conversations avec l'ennemi de Dieu : le mal au XXIe siècle, de Lucia Canovi

Le Lait du Mensonge : Fragments d'une parole sincère, de Lucia Canovi

Êtes-vous Charlie ?, de Lucia Canovi

Le piroptimisme : faut-il soigner le mal par le mal ?, de Lucia Canovi

Roman

Un baron en caravane, de Elisabeth Von Arnim

Amour et mensonges sous le ciel d'Italie, de Jean Webster

Horace, de George Sand

Les dames vertes, de George Sand

Nanon, de George Sand

Cecilia, de Fanny Burney (12 volumes)

Développement personnel/Psychologie

Marre de la vie ? Tuez la dépression avant qu'elle ne vous tue !, de Lucia Canovi

Le trésor : découvrez la méthode la plus simple de vous faire des alliés et de réaliser vos rêves, de Lucia Canovi

La clé du bonheur : 365 affirmations* pour surmonter dépression, découragement, déprime et être heureux en toutes circonstances [Ce n'est PAS une faute d'orthographe], de Lucia Canovi

La Clé du Calme : 365 affirmations* pour triompher de l'anxiété, du stress, de la colère et trouver la sérénité [Ce n'est PAS une faute d'orthographe], de Lucia Canovi

La Clé de la Richesse : 365 affirmations* à se poser pour s'enrichir malgré la crise [Ce n'est PAS une faute d'orthographe], de Lucia Canovi

Le petit livre de la paix intérieure : Proverbes anti-stress et citations calmantes, de Lucia Canovi

Le petit livre qui fortifie : Proverbes réconfortants et citations motivantes, de Lucia Canovi

Aller mal quand tout va bien : La dépression dédramatisée, de Lucia Canovi

La dépression est-elle une vraie maladie ? 9 idées fausses sur la tristesse et le mal-être, de Lucia Canovi

Et si la dépression avait un sens ?, de Lucia Canovi

Les vraies causes de la dépression, de Lucia Canovi

Libérez-vous de l'alcool et de la cigarette : Comprendre le joug pour le briser, de Lucia Canovi

Vivez jusqu'au bout ! Suicide, mode de non-emploi, de Lucia Canovi

À propos de Lucia Canovi

Lucia Canovi est auteur, éditeur et iconoclaste. Sa vie comporte trois actes très différents.

Premier Acte : Adeline Aragon gagne six prix littéraires, réussit ses études de lettres modernes et obtient du premier coup l'agrégation, concours réputé pour sa difficulté. Après ces brillantes études, désorientée, elle se tourne vers l'enseignement moins par choix que par impossibilité de changer en gagne-pain l'écriture, sa vocation de toujours. Pendant ce premier acte, elle est athée, cartésienne et militante féministe (Voir son livre *Sept mensonges du féminisme*).

Deuxième Acte : profondément insatisfaite de sa vie même si elle a « tout », à 27 ans elle se lance dans l'astrologie, le tarot et le russe, se teint les cheveux en rouge vif, quitte sa Toulouse natale pour Paris, et troque son rationalisme contre un mysticisme échevelé qui la mène à l'hôpital psychiatrique pour deux semaines. Loin de lui apporter le bonheur, cette route tortueuse se révèle de moins en moins carrossable. Pendant ce second acte, elle fume, boit, construit des châteaux en Espagne (voir son livre *Libérez-vous de l'alcool et de la cigarette : comprendre le joug pour le briser*), continue à écrire sans convaincre aucun éditeur de son génie, et adopte toutes les croyances du Nouvel Âge, dont la réincarnation. Elle est alors une disciple enthousiaste d'Eckhart Tolle (Voir son livre *Eckhart Tolle et l'idiocratie : doctrine et effets d'un « grand maître spirituel »*).

Troisième Acte : arrivée au bout de ses ressources financières, sans ami et sans amour, pour la première fois de sa vie elle se tourne vers Dieu pour Lui demander Son aide. Une semaine après, elle rencontre l'homme de sa vie qui lui propose immédiatement le mariage et l'Islam. Le coup de foudre étant réciproque, elle accepte le mariage. Quelques mois et d'innombrables lectures plus tard, dont *Le Mensonge de l'évolution* d'Harun Yayha, pour son plus grand bonheur elle se convertit à l'Islam.

Encouragée par son mari, elle se remet à l'écriture sous le nom de plume de Lucia Canovi avec un enthousiasme renouvelé et un but bien précis : aider les personnes qui souffrent comme elle a souffert. Son grand livre *Mentalpax : antidépresseur naturel sous forme de livre préconisé dans le traitement de l'anxiété, des idées noires, de la dépression et des autres diagnostics (*publié dans une première version sous le titre *Marre de la vie ?)* est le fruit de huit années de recherches ; les lecteurs l'adorent.

Par la suite, elle écrit sur toutes sortes de sujets, avec un intérêt particulier pour la logique, le développement personnel (voir en particulier son livre *Le trésor : découvrez la méthode la plus simple de vous faire des alliés et de réaliser vos rêves*), la religion (voir son livre *L'Islam au-delà des apparences*) et le mal sous toutes ses formes (voir son livre *Conversations avec l'ennemi de Dieu : le mal au XXIe siècle*).

En 2015, prenant conscience qu'il ne sert à rien d'attendre l'éditeur charmant, Lucia Canovi se décide à créer sa propre maison d'édition par internet, **lucia-canovi.com,** ce qui lui donne l'opportunité de publier *Freud tueur en série : vrais meurtres et théorie erronée*, chef-d'oeuvre d'investigation où Eric Miller prouve par A+B que Freud a sauvagement assassiné son neveu John, ainsi que quelques-uns de ses amis et quelques unes de ses patientes.

Iconoclaste, Lucia Canovi prend un plaisir subversif à mettre en pièces les mensonges les mieux établis, démolissant en priorité les impostures qui, en raison de leur ancienneté ou de leur succès quasi universel, semblent infiniment plus vénérables que les vérités ridiculisées qu'elles prétendent remplacer.

Aujourd'hui, Lucia Canovi vit tranquillement en Algérie avec son mari et ses deux enfants, et s'emploie à offrir le meilleur à ses lecteurs de plus en plus nombreux. Ses livres sont traduits en anglais, espagnol, allemand, italien, portugais, japonais, russe et néerlandais. Vous pouvez lui écrire à lucia@lucia-canovi.com.

Quittez les chemins battus !

"Clair, élégant, documenté... ce livre est vraiment un trésor !"

"J'ai trouvé une pépite..."

Mi-newsletter, mi-coaching existentiel, la lettre bleue vous aide à quitter les chemins battus et trouver le (vrai) bonheur... une citation à la fois.

Vous voulez quitter l'autoroute où tout le monde s'entasse pour trouver le (vrai) bonheur ?

Inscrivez-vous gratuitement à la lettre bleue. La lettre bleue, c'est une goutte de sagesse, de courage et d'anticonformisme tous les matins, sous la forme d'une citation commentée. Inscrivez-vous maintenant, et récupérez du même coup les 20 premières pages du *Trésor*.

C'est ici : http://lucia-canovi.com

Table des matières

www.ingramcontent.com/pod-product-compliance
Lightning Source LLC
Chambersburg PA
CBHW060934050326
40689CB00013B/3087